AF243108

n.º 27/17988.

PROSOPOPÉE

DE

J. J. ROUSSEAU,

OU

Sentimens de Reconnoissance des Amis de l'Instituteur d'Émile à L'ASSEMBLÉE NATIONALE DE FRANCE, à l'occasion de son Décret du 21 décembre 1790, qui vote une statue à la mémoire de l'Auteur du Contrat Social, et décrete que la veuve de J. J. ROUSSEAU sera nourrie aux dépens de l'État.

« Quand vous verrez la vérité, il ne sera pas pour
» cela temps de la dire; il faut attendre les Révolu-
» tions qui lui seront favorables, et qui viendront
» tôt ou tard. »

Lettre de J. J. Rousseau à M. Moultou,
édition de M. Dupeyron, t. XXIX p. 420.

A PARIS,

Chez les Libraires et les Marchands de Nouveautés.

1791.

SENTIMENS
DE RECONNOISSANCE
A
L'ASSEMBLÉE NATIONALE.

Le mardi 21 décembre 1790 , une société d'amis du Citoyen Philosophe, auteur du Contrat Social, étoient réunis pour aviser aux moyens de parer aux nouveaux complots des ennemis de la Constitution. Vers les huit heures du soir , arrive un jeune homme , zélé pour la liberté autant qu'ami de la justice et de la vérité ; il tenoit dans sa main un papier qu'il nous dit être un décret que l'Assemblée Nationale venoit de prononcer ; presque à l'unanimité ; il prit la parole , et s'exprima ainsi :

« Amis du Bienfaiteur de l'humanité ! du plus sensible, du plus aimant, du plus désintéressé des hommes , du plus courageux, du plus beau génie de ce siecle , de celui qui fut persécuté avec tant d'opiniâtreté par un ministre implacable (1) , par les fauteurs du despotisme (2), par les faux philo-

---

(1) M. de Choiseuil fut le plus mortel ennemi de J. J. On l'a entendu dire : *Ce Rousseau est un homme dangereux , il veut faire une révolution ; il faut l'écraser et le persécuter jusqu'au tombeau,*

(2) Rappellez-vous citoyens , quels furent les détracteurs de Rousseau, ce sont les mêmes qui , maintenant aristocrates , clabaudent contre notre constitution : ceci est digne de remarque.

A 2

4

sophes, les hypocrites, les vils courtisans et leurs valets . . . .! Amis de J. J. Rousseau, citoyens français; réjouissons-nous ! Le règne du despotisme n'est plus, le monstre aux cent têtes est tout-à-fait terrassé, et pour jamais : Oui, la France est digne de jouir de la liberté, puisqu'elle élève des statues à son précurseur, à celui qui la prêcha, qui la propagea avec tant d'intrépidité, au péril de sa vie, *vitam impendere verô* : Car, ne vous y trompez pas, l'amour de la liberté et l'amour de la vérité sont inséparables.

« Nous la connoissons depuis long-tems cette vérité sacrée ; l'heureuse révolution qui nous invite à la publier est venue. Elle va triompher . . . . . Vils calomniateurs du Philosophe le plus profond, accusateurs du moderne Socrate, rentrez dans l'obscurité, cachez-vous sous la poussière de vos brochures ordurières (1) ! Vous n'osates l'accuser, de son vivant, en face, et vous vous êtes acharné sur son cadavre encore palpitant ! Un moment, vous avez, par vos clameurs, séduits quelques ames foibles : mais votre triomphe a été de peu de durée : C'en est fait pour jamais, le soleil de la liberté vient de dissiper les ténèbres que vous vouliez entretenir. . . . . . Nous

---

(1) Depuis la mort de Rousseau, il a paru chaque année une vingtaine de petites et grosses brochures contre ses écrits et sa personne. On l'a accusé publiquement de tous les crimes possibles et même contradictoires : en dernier lieu, au commencement de l'année 1789, on l'accusoit de suicide. Lui, Rousseau ! le plus patient, le plus aimant des hommes ! En vérité Madame Stael-Necker nous prenoit pour des imbéciles.

ne vous verrons plus sourire avec un dédain insultant, quand nous rendrons justice au libérateur, au véritable ami de l'humanité! Vous ne nous accablerez plus de ridicules menaces (1), que nous savons mépriser quand nous plaidions la cause du juste persécuté; il ne sera plus défendu dans ce que vous appeliez la bonne société, de parler avantageusement du Citoyen de Genève; vous ne promettrez plus, vous ne donnerez plus des places lucratives d'académies et de folliculaires, aux conditions d'écrire et de parler contre l'auteur des discours sur les arts et les sciences, et l'inégalité des conditions; vous ne direz plus de l'homme honnête qui faisoit l'éloge de la nouvelle Héloïse, du cœur sensible de la main hardie qui peignit ce beau et intéressant tableau : *C'est un enthousiaste, il est ridicule.* Vous ne traiterez plus de folie absurde, de rêverie dégoutante, l'existence du complot formé pour écraser J. J. Rousseau, afin d'atténuer au moins l'effet inévitable de ses immortels écrits! Vous savez que nous avons cent preuves de cette ligue éphémère, que nous sommes prêts de les produire au grand jour (2)......

(1) Un jeune homme présenta, en 1785, à la censure un petit écrit où il défendoit la mémoire de J. J. outragée. On lui répondit : « Mon cher, brûlez votre manuscrit, il pourroit, en le publiant, vous procurer quelque séjour à la « Bastille ».

(2) Quelques personnes doutent encore que cette ligue, entre le Ministere et les gens de letttes de profession, ait existé contre Rousseau; on la trouve absurde. On se trompe : L'envie irrassible des auteurs est connue ; Choiseuil étoi

» O Jean - Jacques Rousseau, homme sublime!
toi, qui nous protégeas, qui nous rendis libres dès
le berceau ; toi, qui nous encourages, qui nous
frayes le chemin de l'honneur et de la vertu jusqu'au tombeau : par tes écrits, par ton exemple,
par la pureté, la simplicité de tes mœurs; par ton
indomptable fermeté à repousser la flatterie fiére et
insultante, à rejeter de faux bienfaits présentés des
mains de la perfidie et de l'arrogance !....... Non,
tu n'eus pas l'ame d'un ingrat ; nul mortel ne fut
sensible plus que toi aux véritables bienfaits de la
sainte amitié : Nul ne paya avec plus de délices
le tribu de la reconnoissance. C'est parce que dans
tes sentimens nobles et élevés, tu conçus le bienfait
et la reconnoissance sous leur véritable rapport,
comme le lien de l'amitié, le signe de l'égalité ;
comme le commerce le plus libre, le plus désintéressé qui puisse exister entre des hommes, que tu
refusas constamment d'en faire un négoce merce-
naire, et de les prodiguer à l'égoïsme, à la fausse
et insultante grandeur !....... O ami ! quelle seroit
aujourd'hui les élans de ta reconnoissance, l'énergie
de ta gratitude, si tu voyois une nation entiere,
le véritable souverain, la volonté générale des Français, t'élever, par un décret solemnel, une statue !

---

très-bon politique dans son système, en éloignant le pere
d'Emile et du Contrat Social de la capitale de la France.
Que n'a-t-il pu aussi anéantir ses ouvrages ! nous n'aurions
pas les droits de l'homme. Oui, le plus grand œuvre de
l'Assemblée Nationale, le plus sublime, c'est d'avoir sçu
renfermer en dix-sept phrases claires, tout le Contrat
Social.

Si tu voyois, tes amis , tous les amis de la liberté , se presser autour de ton piédestal, et s'écrier :
» Grand homme , excuses nos erreurs passées, nous,
étions esclaves quand nous te méconnûmes un instant : mais tu nous a appris à conquérir la liberté ;
le premier et digne usage que nous en faisons , est
d'élever à ta mémoire ce monument public de ta
gloire et de notre reconnoisance ».
........La France libre, à J. J. Rousseau !»

Ici , le généreux jeune homme fut interrompu
par des applaudissemens donnés, non pas seulement
à son discours , mais à l'intègre impartialité de l'auguste Sénat Français qui rend justice au génie, à la
vertu persécutée........ Le silence obtenu , notre
jeune homme reprit la parole pour faire la lecture
du décret dont la teneur suit :

» Du 21 décembre 1790.

» L'Assemblée Nationale décrete. :

ART. I.

» Qu'il sera élevé une statue à la mémoire de
» l'Auteur du Contrat Social; que sur l'une des
» faces du piédestal , il sera écrit ces mots : LA
» FRANCE LIBRE, à J. J. ROUSSEAU ; et sur l'autre ,
» ceux-ci : *Vitam impendere vero :*

I I.

» Marie - Thérèse Levasseur , veuve de J. J.
» Rousseau , sera nourrie aux dépens de l'état; et
» il lui sera accordé une pension de 1200 liv. »

Ces paroles du Législateur Français étoient à
peine prononcées que les applaudissemens recom-
mencerent par des acclamations qui retentissoient

8

de tous côtés dans l'Assemblée ; on s'écrioit avec un noble enthousiasme : « *Vive la Nation , vivent* » *nos augustes Représentans , vive notre bon* » *Roi !* Gloire , honneur immortel à la mémoire de J. J. Rousseau ? Paix , tranquillité . bonheur , » à sa digne veuve Marie-Thérèse Levasseur , qui le » consola , qui le soignit , qui l'aima pendant trente » ans ; qui le suivit avec courage et constance dans » tous ses malheurs , dans tous ses bannisse- » mens ! »

Un autre membre de la société prit la parole et dit : « Messieurs , l'ombre du bon , du sensible J. J. erre dans l'isle des Peupliers , elle attend avec confiance le rameau d'olivier et la couronne de laurier si bien méritée. Vous savez que de son vivant , ce génie s'enflamma quelquefois d'une sainte colère de la vertu persécutée (1). Appaisons ses manes irritées , par un sacrifice de propitiation : J'ai donc l'honneur de vous proposer l'arrêté sui-vant : »

Art. I. « Le décret de l'Assemblée Nationale re- » latif à J. J. Rousseau , sera gravé sur une Pierre » dure. »

Are. II. « Six Citoyens d'entre nous se trans- » porteront à Erménonville dans l'isle dite des Peu- » pliers , où repose l'homme de la nature et de la » vérité. Au pied de son mausolée , ils déposeront , » au nom de la Nation Française , le décret gravé ,

----

(1) Voyez le Lévite d'Ephraïm , petit poëme que J. J. écrivit en fuyant un parlement injuste qui le décréta de prise-de-corps , pour avoir publié l'Emile.

» et sur le tombeau un rameau d'olivier et une cou-
» ronne de laurier. »

Cette proposition fut acceptée à l'unanimité. Le lendemain nous nous transportâmes, au desir de nos compatriotes, dans les jardins d'Erménonville. En approchant de l'isle des Peupliers, il nous sembla que nous étions dans le séjour de la paix. Le jour étoit beau, l'onde étoit tranquille, un léger zéphir agitoit la cîme des peupliers qui couronnent et entourent le mausolée, ces arbres qui s'élèvent majestueusement ; maintenant dépouillés de leurs ornemens, de leur tendre verdure, sembloient nous dire : Vous le voyez, la nature est morte, elle est dans le silence, mais bientôt nous ressuciterons pour embellir encore l'asyle de son ami. Le murmure d'un ruisseau sur l'une des rives de cette isle enchantée, le silence profond qui régnoit d'ailleurs dans cette sollitude charmante, tout nous invitoit à remplir notre mission avec recueillement. Nous étions attendris : nous commençâmes par arroser de nos larmes le tombeau de notre ami. Sur le chapiteau au-dessus du médaillon qui porte la devise, nous déposâmes la couronne et le rameau : à l'autre extrémité, au pied du mausolée, nous plantâmes la pierre brute sur laquelle étoit gravé le décret de notre Sénat. Tout ceci s'exécuta dans le silence le plus profond. L'un de nous cependant le rompit par ces paroles prononcées avec émotion : « O toi dont
» l'ame sublime et pure, dégagée de ses liens ter-
» restres, contemples sans nuages l'éternelle vérité,
» et repose à jamais dans le sein de la bonté sou-

» veraine : ROUSSEAU ! Ombre chère et sacrée !
» si des sources intarissables où tu puises la félicité ,
» ton cœur toujours aimants e. complait encore
» aux affections humaines , daigne entendre nos
» vœux et sourire à l'hommage que te présente au-
» jourd'hui la sainte humanité... Non, ce n'est ni
» à la grandeur, ni à la vanité , c'est à toi J. J. c'est
» à ta mémoire que tes amis , que la Nation Fran-
» çaise élevent et consacrent ce Monument (1) !
» Puisse-t-il nous honorer tous ! Puissent nos ne-
» veux se rendre dignes de la liberté que tu nous
» aidas à conquérir. »

La tranquillité suave du lieu nous invitoit à la mé-
ditation. Chacun de nous s'assied au pied d'un peu-
plier. Presque tous artistes, nous crûmes appercevoir
l'ombre que nous venions de célébrer , voltiger autour
de nous , et qu'elle alloit nous inspirer. L'un de nous
dessinoit des vues pittoresques qu'on découvre de cet
azile ; Un autre esquissoit le temple de la philosophie
qui s'apperçoit sur une hauteur, non loin de l'Isle ;
Un troisieme ébauchoit les emblêmes gravés par la
main du génie, sur les faces et les pilastres du mauzolée. Un autre essayoit de mettre en chant une romance
naïve de Berquin , cherchant à imiter cette mélodie
pure et affectueuse, si bien employée dans le devin du
village ; Un autre enfin, maîtrisé par les idées qui se
cumuloient dans sa tête, les jettoient à grands traits
sur ses tablettes..... soudain un bruit, sorti du fond
du mauzolée, frappe nos oreilles ! Une puissance étran-
gère nous saisit, sans nous épouvanter.... nos crayons

____

(1) Dédicace de M. Dupeyron, OEuvres de J. J. édit. de
1782.

tombent de nos mains et se brisent. Nous nous-entre-
regardons avec étonnement ; bientot la voix de J. J.
Rousseau , lui-même, (plusieurs de nous l'avoient
connu de son vivant) se fit entendre , il prononça dis-
tinctement ces paroles :

» Nation généreuse et sensible ! Braves Français !
» Citoyens compatriotes ! (1) Amis ! En justifiant
» si promptement, aussi loyalement, la confiance que
» j'eus en votre justice, vous me payez en un instant
» de toutes les persécutions que j'essuyai pour votre
» gloire ! Votre courage que j'avois prévu , votre li-
» berté conquise si glorieusement, votre immortelle
» Constitution , si conforme à la marche que j'osai
» vous tracer, votre prospérité future et non éloignée...
» Voilà ma récompense, voilà la statue qui flatte mon
» immortalité. Dans le séjour de gloire que j'habite ,
» dans l'azile de paix et de félicité que je partage , dans
» la contemplation délicieuse de l'Etre immense que
» je vois face - à - face , on ne desire des mortels
» d'autres statues que l'exercice des vertus sociales et
» la sainte humanité ! Toutes fois ne pouvant vous éle-
» ver aux idées divines des purs esprits , vous m'élevez
» une statue matérielle. De mon vivant j'ai tâché ; j'ai
» tout fait pour la mériter. Quand vos magistrats , vos
» prêtres hypocrites m'accabloient de leur haine bien
» gratuite , j'osai dire publiquement, dans le premier
» élan de ma juste indignation , dans l'enthousiasme
» de ma conscience , qu'un gouvernement juste m'éle-
» veroit des statues...... Eh bien ! nation généreuse ,

---

(1) Rousseau ayant abandonné ses droits dans sa patrie na-
tive , il nous appartient ; nous le considérons comme notre
citoyen d'adoption.

» je les reçois avec joye , avec reconnoissance , parce
» qu'elles encourageront à la vertu ceux qui voudront
» m'imiter , parce qu'elles feront naître parmi vous
» les nobles élans du patriotisme et de la gloire , parce
» qu'elles prouvent que vous êtes justes et dignes de
» la liberté.

» Amis ! oublions le passé , pardonnez à mes enne-
» mis, à mes persécuteurs, à vos ennemis, aux persécu-
» teurs de votre constitution ; ne soyons pas généreux
» à demi , que toutes leurs erreurs soient ensevelies
» dans l'oubli...... Choiseuil , Grimm , Diderot ,
» d'Alembert , etc. Venez , embrassons-nous ; vous
» reconnoissez que votre haine fut injuste , et je vous
» dois une partie de mes talens et de mes vertus.. soyons
» amis pour l'éternité.

» Pour vous , mortels , foibles ennemis, qui n'aguère
» espériez encore , par vos calomnies , me frustrer la
» France du fruit de mes veilles , j'invite mes défen-
» seurs à vous laisser en paix , vous êtes assez punis ,
» forcés d'être spectateurs de la révolution française :
» tels ont toujours été mes vrais sentimens.... Oui ,
» j'aimai constammént, fidelement la nation française :
» dans ma tendre jeunesse , je pleurois de joie en
» voyant défiler ses escadrons victorieux. (1) J'ai
» vécu , je mourus dans son sein persécuté , je dis-
» tinguai constamment les partis envieux , jaloux ,
» inaccessibles du véritable corps de la nation qu'on
» trompoit. Si je n'en eusse eu cette idée , je n'aurois
» pas daigné me justifier à ses yeux. Quand mes persé-

---

(1) Voyez les premiers livres des Confessions.

» cuteurs acharnés contre moi , étoient prêts de triom-
» pher , un ami , un étranger m'écrivit que la nation
» française étoit *vile* .... Je lui répondis avec fierté ,
» avec colère même : « *Milord, vous êtes dans l'er-*
» *reur , si la nation française est avilie ,* (Ce qui est
» bien différent) *c'est par le fait. Souvenez-vous ,*
» *Milord , qu'elle ne sera pas vile dans vingt ans.* »
» (1) Ainsi j'ai prévu que sa France alloit renaître :
» comme j'ai prévû que l'Angleterre alloit décheoir ,
» parce que celle-ci est au dernier période de la cor-
» ruption politique; parce que là , ou toute la richesse
» est en papier; là où le peuple vend sa liberté comme
» une marchandise au plus offrant ; là où le crédit pu-
» blic ne se soutient que par une industrie fictive , où
» toutes les ressources consistent en spéculations sur
» les folies de ses voisins , il est clair que ces voisins
» n'ont qu'à être sages un instant , pour ruiner entiere-
» ment ces fiers insulaires.

» Amis , je reçois avec sensibilité les témoignages
» de votre affection. Portez à votre Assemblée Natio-
» nale , non pas mon respect ; dans le séjour que j'ha-
» bite on n'a plus de respect pour les mortels quels
» qu'ils soient : mais les assurances de ma gratitude et
» de mon attachement éternel. Dites lui , de ma part ,
» que ses glorieux travaux enchantent les immortels :
» que Charlemagne , Louis IX , Louis XII , Henri ,
» même Louis XIV , et tous les génies titulaires de
» la France font retentir le ciel de leur allégresse. Di-

---

(1) Cette lettre fut adressée à George Keith , maréchal
d'Ecosse, et se trouvera dans l'édition complette de Dupeyron.

» tes-lui, qne pendant qu'elle travaille à terminer vo-
» tre régénération , nous élevons sans cesse, devant le
» trône de l'Immortel , des mains purs de tout mal
» pour qu'il éloigne de vos fertiles contrées tout mal-
» heur, et toute erreur. Nous faisons des vœux pour
» que vos législateurs ayent le bon esprit de ne pas
» prolonger leurs pouvoirs au-delà du terme qu'ils ont
» judicieusement fixé à leurs successeurs : *facienda*
» *doce faciendo*. Qu'ils se hâtent de terminer leur
» sublime constitution , (je parle humainement quand
» je dis sublime) et qu'ils se fassent remplacer. Nous
» souhaitons qu'ils se pénétrent tous de cette grande
» vérité : point de mœurs, point de liberté civile,
» point d'institution publique et nationale , point de
» mœurs. Ainsi le succès dépend du code d'éducation
» qu'ils ont à décréter.

» Dites à votre auguste monarque, le plus honnête
» homme de son royaume, qu'il sera le premier roi
» vraiment digne de l'amour de ses peuples ; Dites-lui
» que dès-lors de son élévation au trône , en 1776 ,
» j'eus si bonne opinion de sa probité que j'essayai de
» lui faire parvenir mes réclamations.. (1)

» Dites au peuple français, à ce bon peuple , si
» patient dans l'adversité , si généreux après la vic-
» toire, si modeste dans la prospérité, que la liberté
» civile consiste à respecter la loi comme une divinité ,
» à n'obéir qu'à elle, mais à lui obéir ponctuellement,
» virtuellement et sans restrictions. Dites-lui qu'il ne
» peut plus, sans se deshonorer, se faire justice à lui-
» même, qu'ayant des juges et des magistrats de son

____

(1) Voyez l'Avant-propos des Dialogues de J. J.

» choix , il doit recourir à eux , à la loi , pour faire
» punir ses ennemis.

» Dites , de ma part , à Marie Therèse Levasseur
» mon épouse , qu'en la quittant , je la laissai parfaite-
» ment libre , et maitresse de ses actions , que quand
» elle se seroit remariée , elle n'auroit pu m'offenser.
» Que cependant par rapport à elle-même , je lui sais
» gré de sa fidélité , et d'avoir voulu garder mon nom
» jusqu'au tombeau. Le Prytanée Français l'honore
» infiniment. Au surplus elle m'aima avec constance ,
» et quand j'ai dit, dans mes écrits, que ce fut une belle
» ame , j'ai dit la vérité.

» Dites à Mad. Gerardin , ci-devant Comtesse Ale-
» xandre de Vassy , que c'est mal-à-propos qu'elle a
» imprimé et publié, *que ma femme eut des torts as-*
» *sez graves pour ne pouvoir plus rester à Armenon-*
» *ville.* (1) Dans mes principes , ma veuve pouvoit
» épouser un cocher , sans se deshonorer, si c'est un
» honnête homme ; il pouvoit valoir mieux qu'un
» comte , et autant que moi. Oh! les bienfaits des
» prétendus grands sont presque toujours suivis de
» quelques insultes. J'eus raison de les rejeter autant
» qu'il me fut possible.

» Dites à Mme. cy-devant Bne de Stael , née Nec-
» ker , et à M. le ci-devant Cte de Barruel - Bauvert
» qu'il n'est pas vrai que je me sois donné la mort ,

____

(1) Voyez une brochure intitulée, Lettres sur les ouvrages
et le caractère de J. J. Rousseau, dernière édition augmentée
d'une lettre de Mad. Gerardin et réponse de Mad. de Stael
Necker. Voyez aussi une vie de J. J. Rousseau en un gros
volume , de M. Barruel.

» comme ils l'ont publiés en Mars 1789. J'ai quitté la
» terre sans regret, n'ayant plus de bien à y faire.
» J'attendois mon heure avec confiance, convaincu de
» la récompense qui m'étoit due : mais je n'ai pas hâté
» cette heure, la providence en a disposé. *Le nommé*
» *Mouton, homme de beaucoup d'esprit, et le secré-*
» *taire de M. Necker,* sont des imposteurs s'ils ont af-
» firmé ce qu'à écrit Mad. Stael, et si ladite dame sou-
» tient *avoir vu des lettres de moi où j'annonçois le*
» *dessein de terminer ma vie* : elle en impose double-
» ment. Je ne reléve ces petites irrégularités qu'à cause
» de ma femme : son honneur m'est précieux.

« Dites de ma part à mon Éleve, à mon cher
» Disciple qu'il ne se presse pas de publier les Ins-
» titutions Morales et Politiques que je lui ai laissées
» à rédiger. Il faut que ce travail soit médité au
» moins dix ans, qu'il soit publié dans un moment
» propice, pour opérer en Europe la même révolu-
» tion que le Contrat Social en France.

» Adieu, saluez pour moi mon ami Dupeyron,
» Barrere, d'Aymar, Barnave, les Lameth, et tous
» les Représentans. Rappelez mon souvenir à Henri
» Bernardin de S. Pierre, à Brissot de Warville,
» et à tous qui m'aimerent dans l'adversité. »

J. J. Rousseau ayant cessé de parler, nous *re-*
cueillâmes soigneusement son discours. A notre re-
tour à Paris, nous en fimes part aux amis de la
Constitution. Il est arrêté, en Club général, que la
Prosopopée sera imprimée et envoyée aux Présidens
et Membres de l'Assemblée Nationale, comme un
témoignage de notre reconnoissance.

De l'Imprimerie de LANGLOIS, fils, rue du Marché-Palu.